理系のための中国古典名言集

藤嶋昭（東京理科大学学長）

朝日学生新聞社

扉題字・章タイトル　藤嶋　昭

はじめに

中国古典の魅力は、簡潔な表現でありながら、ずばり人間や人生の真実に迫っていく名言の数々にあります。

「以心伝心」、「温故知新」、「大器晩成」、「四面楚歌」を始め、中国古典に由来する四字句を良く使いますが、どの言葉もそれぞれ深い意味をもっていて、その由来を知ると感動することが多いものです。

かつて日本の先人たちは、中国古典に学び、それらの名言を心に刻むことによって、人間を理解し、人生を生きる指針としてきたわけです。

社会は激しく変化していても、その底には、変化しない部分が厳として存在していることがわかります。人間のもつ本質的な性格や行動を示す人間学は、変化しない部分の代表的なものと言えます。二千五百年前に書かれた『論語』を始めとする中国古典の人間学は、もっぱら原理原則を説いています。原理原則なるがゆえに、時代の変化にほとんど影響されていないので、現在の我々が読んでも、新鮮な魅力に富んでいるし、うなずける面が多いものです。変化の激しい時代だからこそ、なおさら原理原則に立ち返ってみる必要があると言えます。

私自身は光触媒を中心に科学に関する研究をしてきた研究者の一人ですが、折にふれて、中国の古典を読み、様々な場面でその深い意味に影響されてきました。本書はタイトルの一部に「理系のための」とつけましたが、私を含めて理系の人間こそ、人間としての本質をとらえた中国の名言に親しむことが必要だと思っています。もちろん、理系以外の方々にも読んでいただきたいと思っています。

ここでは多くの優れた中国古典の解説書など（巻末に参考にさせていただいた本をまとめてあります）を参考にして、『論語』や『荘子』を始めとする書物の中から七十四項目を選び、私が受けた感動などをもとにコメントをつけてまとめました。特に守屋洋先生の御本はいずれもすばらしく、多くのことを知ることができましたし、多くの言葉を引用させていただきました。守屋先生には直接お目にかかってお話を伺うことができましたが、その博識には驚きました。

朝日学生新聞社に選んでいただきました背景の写真とともに中国古典のすばらしさを味わっていただくことができれば幸いです。

なお本書をまとめるにあたり、私が勤務している東京理科大学の伊藤真紀子氏、岩崎等氏、宮本崇氏、木村繭子氏、増田充利氏、筒井真弓氏、高橋くるみ氏に貴重なご意見をいただくことができました。また朝日学生新聞社の植田幸司氏や佐藤夏理氏のお力によって本書をまとめることができました。これらの方々に感謝を申し上げます。

藤嶋昭

もくじ

はじめに ―― 3

第一章　良く知られた中国の名言

故きを温ねて新しきを知れば、以って師たるべし ―― 『論語』 ―― 14
朋あり遠方より来たる、また楽しからずや ―― 『論語』 ―― 16
之を知る者は、之を好む者に如かず
之を好む者は、之を楽しむ者に如かず ―― 『論語』 ―― 18
驥は一日にして千里なるも、
駑馬も十駕すれば則ちまたこれに及ぶ ―― 『荀子』 ―― 20
百里を行く者は九十を半ばとす ―― 『戦国策』 ―― 22
天知る、神知る、我知る、子知る ―― 『後漢書』 ―― 24

第二章　自分を高めたい

子、四を以って教う、文、行、忠、信 ―― 『論語』 ―― 28

一年の計は、穀を樹うるに如くはなく、十年の計は、木を樹うるに如くはなく、
終身の計は、人を樹うるに如くはなし ―― 『管子』 30
玉琢かざれば器と成らず　人学ばざれば道を知らず ―― 『礼記』 32
剛毅木訥、仁に近し ―― 『論語』 34
心を養うは寡欲より善きはなし ―― 『孟子』 36

第三章　人としての行動

知、仁、勇の三者は天下の達徳なり ―― 『中庸』 40
己の欲せざる所は、人に施すこと勿かれ
邦に在りても怨み無く、家に在りても怨み無し ―― 『論語』 42
知ることの艱きに非ず、行うことこれ艱し ―― 『書経』 44
君子は矜にして争わず、群して党せず ―― 『論語』 46
小人間居して不善を為す ―― 『大学』 48
終りを慎むこと始めの若くなれば、則ち敗事なし ―― 『老子』 50
徳は孤ならず、必ず隣有り ―― 『論語』 52

己立たんと欲して人を立て、
己達せんと欲して人を達す ――『論語』―― 54
大弁は訥なるが如し ――『老子』―― 56
道は爾きに在り、而るにこれを遠きに求む ――『孟子』―― 58
千里の行も足下より始まる ――『老子』―― 60

第四章 人としての生き方

大方は隅なし 大器は晩成す
大音は希声なり 大象は無形なり ――『老子』―― 64
これを望むに木鶏に似たり ――『荘子』―― 66
古の学者は己の為にし、今の学者は人の為にす ――『論語』―― 68
志は満たすべからず 楽しみは極むべからず ――『礼記』―― 70
義を見て為さざるは、勇なきなり ――『論語』―― 72
君子は豹変し、小人は面を革む ――『易経』―― 74
事予めすれば則ち立ち、予めせざれば則ち廃す ――『中庸』―― 76

険を見て能く止まるは、知なるかな――『易経』 78
己を枉ぐる者にしていまだ能く
人を直くする者はあらず――『孟子』 80
知の難きに非ず。知に処するは則ち難し――『韓非子』 82
慮らずんば胡ぞ獲ん、為さずんば胡ぞ成らん――『書経』 84
小人は水に溺れ、君子は口に溺れ、大人は民に溺る――『礼記』 86
先発すれば人を制し、後発すれば人に制される――『漢書』 88
人生、一分を減省せば、すなわち一分を超脱す――『菜根譚』 90
言いて当たるは知なり、黙して当たるも知なり――『荀子』 92
黙してこれを成し、言わずして信あるは徳行に存す――『易経』 94
吉人の辞は寡く、躁人の辞は多し――『易経』 96
知る者は言わず、言う者は知らず――『老子』 98
初めあらざること靡く、克く終わりあること鮮なし――『詩経』 100
老いては当に益壮んなるべし　寧ぞ白首の心を知らん――王勃 102
剣は砥を待ちて而る後に能く利なり――『淮南子』 104
跂つ者は立たず　跨ぐ者は行かず――『老子』 106

尽く書を信ずれば則ち書なきに如かず――『孟子』――108
功の崇きはこれ志、業の広きはこれ勤――『書経』――110
天を怨みず、人を尤めず――『論語』――112

第五章　良い友をもとう

益者三友、損者三友――『論語』――116
君子は文を以って友を会し、友を以って仁を輔く――『論語』――118
一手独り拍つは、疾しと雖も声なし――『韓非子』――120
吾日に吾が身を三省す　人の為に謀りて忠ならざるか　朋友と交わりて信ならざるか　習わざるを伝えしか――『論語』――122
君子は周して比せず、小人は比して周せず――『論語』――124

第六章　人生の機微

三十にして立ち、四十にして惑わず――『論語』――128

酒債尋常行く処に有り　人生七十古来稀なり ―― 杜甫 ―― 130
君は君たり、臣は臣たり、父は父たり、子は子たり ――『論語』―― 132
父母の年は、知らざるべからざるなり
一は則ち以て喜び、一は則ち以て懼る ――『論語』―― 134
人間万事　塞翁が馬 ――『淮南子』―― 136
禍福は門なし、ただ人の召く所 ――『左伝』―― 138
積善の家には必ず余慶あり ――『易経』―― 140
天我が材を生ず必ず用有り
千金散じ尽くすも還た復た来たらん ―― 李白 ―― 142

第七章　自然に学ぼう

花は半開を看、酒は微酔に飲む ――『菜根譚』―― 146
桃李もの言わず、下自ずから蹊を成す ――『史記』―― 148
松樹は千年なるも終に是れ朽ち
槿花は一日なるも自ら栄を為す ―― 白居易 ―― 150

もくじ

国を治むるはなお樹を栽うるが如し　『貞観政要』　152
上善は水の如し　『老子』　154
知者は水を楽しみ、仁者は山を楽しむ　『論語』　156
霜を履みて堅氷至る　『易経』　158
蝸牛角上の争い　『荘子』　160
大道は多岐なるを以って羊を亡う　『列子』　162
呑舟の魚は枝流に游がず　『列子』　164
疾風に勁草を知る　『後漢書』　166
徳を樹つるには滋きを務め、悪を除くには本を務む　『書経』　168
曲なれば即ち全し　枉なれば即ち正し　『老子』　170
泰山は土壌を譲らず、故によくその大を成す　『史記』　172
参考文献　174

第一章

良く知られた中国の名言

故《ふる》きを温《たず》ねて
新《あたら》しきを知《し》れば、
以《も》って師《し》たるべし

温故而知新、
可以為師矣
『論語《ろんご》』

もっと歴史に学ぼう

歴史を学ぶことで、今に生きる我々の考えを深めていくことができる。すぐれた指導者になるためにも歴史をもっと知るべきだ。

藤嶋's eye

「温故知新」の四字句として知られているところ。若い時には過去のことなどあまり目に入らず、現在のことや新しいことに関心がわきます。しかし年をとるとともに歴史を学ぼうとする思いがでてくるように思います。今の私自身としては、どの国のどの時代のことでもその歴史を学ぶことは楽しいものです。人間いつの時代も同じような過ちを繰り返してきたものだと改めて気付かされます。

『論語』は、春秋時代の政治家で儒教の始祖である孔子とその弟子たちの言葉や会話を、孔子の死後、弟子たちが記録したもの。「論」には議論、「語」には答術という意味がある。約500の短編が、全20篇で構成されている。儒教の重要な四つの書物、「四書」(『大学』『中庸』『論語』『孟子』)の一つ。

朋《とも》あり
遠方《えんぽう》より来《き》たる、
また楽《たの》しからずや

有朋自遠方来、
不亦楽乎
『論語《ろんご》』

親しい友をもとう

心の通い合う友が遠路もいとわず訪ねてくる。なんと楽しいことではないか。

藤嶋's eye

気が合う人と、気が合わない人がいるものですね。社会人になっていろいろな機会で知り合いになる人は多いのですが、気の合う人との付き合いは楽しいものです。まして学生時代からの気の合う友だちとの一杯ほど楽しいことはありませんね。

『論語』は、今からおよそ2500年前に活躍した孔子の言葉を弟子たちが集めたもの。印刷技術はない時代のため、弟子たちは木や竹の薄い板に文字を書き、それを革ひもでつないだ。やがてそれらは紙に書き写されるようになり、まとめられた書物は日本にわたった。

之《これ》を知《し》る者《もの》は、
之《これ》を好《この》む者《もの》に如《し》かず
之《これ》を好《この》む者《もの》は、
之《これ》を楽《たの》しむ者《もの》に如《し》かず

知之者、不如好之者。
好之者、不如楽之者。
『論語《ろんご》』

楽しむ者になろう

スポーツの例でも、本を読んでルールを知ったとしても、例えば野球やサッカーの試合を実際にスタジアムで直接見た人にはかなわない。まして自分でサッカーなどを行い、楽しさを体験した人にはかなわない。

藤嶋's eye

この言葉は良くごあいさつをする時に使わせていただいています。どんなことをするにもまず勉強して知ることから始まります。そしてその分野のことが好きになるようになりますが、最終的にはそのおもしろさを実感することこそ大切だと思います。

春秋時代の末期から漢の時代にかけて、さまざまな教えや思想を掲げて活躍する人たちが現れた。その数があまりにも多く「百ほどもある学者とその教え」という意味で、「諸子百家」と呼ばれた。諸子百家の思想の中には、孔子や孟子の「儒家」、老子や荘子の「道家」、韓非子の「法家」などがある。

驥《き》は一日《いちじつ》にして千里《せんり》なるも、
駑馬《どば》も十駕《じゅうが》すれば
則《すなわ》ちまたこれに及《およ》ぶ

驥一日而千里、
駑馬十駕
則亦及之矣
『荀子《じゅんし》』

努力こそ大切

一日に千里を走る名馬に対し、こちらの馬は遅いけれども十日間休まず走れば追いつくことができる。努力こそが大切だ。

藤嶋's eye

イソップ物語の「うさぎとカメ」の話と同じですね。次のような「モンゴルのことわざ」もすばらしいと思います。

「山が高いからといって、もどってはならない。行けば越えられる。仕事が多いからといってひるんではいけない。やれば必ず終わるのだ」

『荀子』は、戦国時代の思想家で儒学者の荀子による著作。孟子が「性善説」を唱えたのに対して、荀子は、人間の性は悪であり、後天的に学習される礼儀によって善へ導くことができるという「性悪説」を唱えた。

百里《ひゃくり》を行《い》く者《もの》は九十《きゅうじゅう》を半《なか》ばとす
行百里者半九十
『戦国策《せんごくさく》』

ツメが大切

完成させるには最後まで気を抜かないようにしよう。百里の旅をする人も九十里になった時に半分まで来たと思うことが大切だ。どんなことも最後のツメが大切である。

藤嶋's eye

この言葉を聞くと太宰治《だざいおさむ》の『走れメロス』を思い出します。親友の石工セリヌンティウスとの約束を守るための最後の必死の走り。『人間失格』もおもしろい自伝ですが、この小説で太宰の筆力に感心しました。

『戦国策』は、前漢の学者・劉向が、中国の戦国時代の12国の歴史を国別に編集し、政治や外交の舞台で活躍した「説客」たちの策略をまとめあげた書物。「策」は策略の意味。

天《てん》知《し》る、神《かみ》知《し》る、
我《われ》知《し》る、子《し》知《し》る

天知、神知、
我知、子知
『後漢書《ごかんじょ》』

何ごとも秘密にはできない

王密という男が高官の楊震のところに暗くなってから訪ねてきて、お金を差し出しながら、よろしくと言ってきた時に楊震が言った言葉。だれも知らないと言っても私とあなたは知っているので、悪いことはいつか必ずばれますよとのこと。

藤嶋's eye

建物が傾いて注目されているのは、イタリアのピサの斜塔ぐらいでしょうか。最近、横浜のマンションが傾いてきて、杭が地下の地盤に届いていなかったことが問題になっています。ごまかしは、いつかはばれてしまうことの一つの例ですね。

『後漢書』は、初代の光武帝から滅亡に至るまでの後漢王朝の記録。『史記』『漢書』に次ぐ３番目の正史。南北朝時代の宋の史家范曄によってまとめられた。

第二章
自分を高めたい

子《し》、四《し》を以《も》って教《おし》う、
文《ぶん》、行《こう》、忠《ちゅう》、信《しん》

子、以四教、
文・行・忠・信
『論語《ろんご》』

人間として大切なことは、学問と実行力と誠実さと信頼の四つである。

良い本をたくさん読んで学び、そしてそこで得たことを実際に実行すること。もちろん他の人に対しては真心をもって接し、信頼される人間になりたいものである。

藤嶋's eye

ここでの四つをすべて満たしている人、だれがその人だろうかと考えているこの頃です。すぐに思い浮かぶのは、日本人では西郷隆盛、外国人では電磁誘導現象を見つけたイギリスのマイケル・ファラデーです。

『論語』が日本に伝わったのは、日本最古の書物『古事記』ができる前とされている。つまり、日本人が手にした最初の書物となる。

一年《いちねん》の計《けい》は、穀《こく》を樹《う》うるに如《し》くはなく、
十年《じゅうねん》の計《けい》は、木《き》を樹《う》うるに如《し》くはなく、
終身《しゅうしん》の計《けい》は、人《ひと》を樹《う》うるに如《し》くはなし

一年之計、莫如樹穀、
十年之計、莫如樹木、
終身之計、莫如樹人
『管子《かんし》』

教育こそ大切

一年の計画をたてるとすればお米などの穀物を植える時のことを考えてみるとよい。十年の計画をたてる時には樹木を植える時のことを考えるとよい。人間の一生の計画を考える時には人をどのように教育していくかを考えるとよい。

藤嶋's eye

人の教育こそ大切なことは言うまでもないことです。幼稚園から始まり大学に至るまでどんな学校に進むのかは、本人はもちろん両親にとっても最大の関心事です。これは日本に限らず世界のどこの国でも言われることです。理系の大学では大学院進学が当たり前になってきています。自らを高めるための自己研鑽はもちろん一生大切です。

『管子』は、春秋時代に斉の桓公に仕えた宰相・管仲とその門下の言行をまとめたもの。管仲は経済政策に力を入れて斉を富強な国にしたといわれ、彼の推進した政治の全体像を明らかにした書物。

玉《たま》琢《みが》かざれば器《うつわ》と成《な》らず
人《ひと》学《まな》ばざれば道《みち》を知《し》らず

玉不琢、不成器
人不学、不知道
『礼記《らいき》』

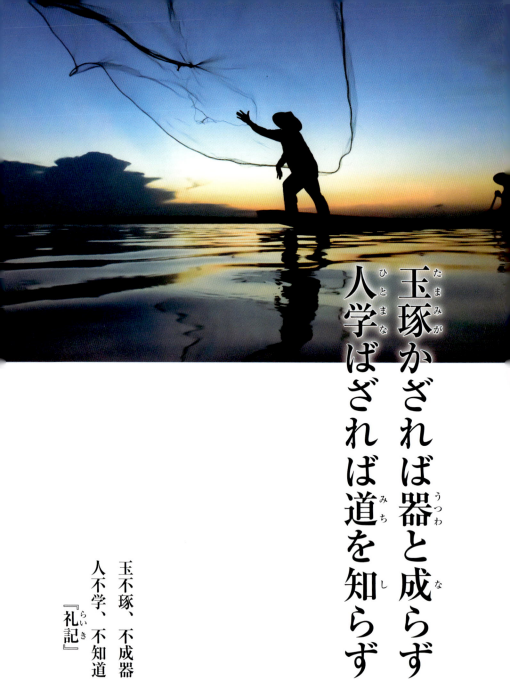

自分をみがき、輝いていよう

せっかくのすばらしい玉《ぎょく》も、きれいにみがきあげなければ立派な器にはならない。それと同じように、人間もまた学ぶことによって自分をみがきあげていかなければ、人間としての道をわきまえた人にはなれない。

藤嶋's eye

中国のおみやげ屋さんにはすばらしい玉《ぎょく》でできた器が飾ってあります。かなり高価ですが、固い玉をきれいにみがいてあって感心します。人も玉の器のように輝いていたいものですね。

『礼記』は、漢の時代の戴聖がまとめた書物。「礼記」とは、礼についての記述という意味で、日常生活における礼儀作法や冠婚葬祭時の立居振舞い、学問、修養などについて書かれている。儒教の重要な五つの経典、「五経」(『易経』『詩経』『書経』『春秋』『礼記』)の一つ。

剛《ごう》毅《き》木《ぼく》訥《とつ》、仁《じん》に近《ちか》し
剛毅木訥、近仁
『論語《ろんご》』

正しいことを実行することこそ大事だ。

話し方が下手でも、心を強くもって正しいことを実行することが大切で、このような人こそ、すばらしい人だ。

藤嶋's eye

不言実行を長年やっておられる人が周囲にも何人かおられます。私も少しでも見習いたいと思っています。そのお一人がイエローハット創業者の鍵山秀三郎さんです。現在は八十歳をこえておられますが、長年周辺の「掃除」を続けてきておられ、特に小学校などのトイレ掃除を実践され、日本を美しくする会を全国規模で組織されています。

『論語』の中には、たびたび「仁」という言葉が登場する。「仁」とは、君子が備えているべき愛情や真心のことで、孔子が「最高の徳」と唱えた。

心《こころ》を養《やしな》うは
寡欲《かよく》より善《よ》きはなし

養心莫善於寡欲
『孟子《もうし》』

正しい心をもち、人から信頼されたいものだ。それには欲望を少なくしておく必要がある。

どの人もお金持ちになりたい、出世したい、人から認められたいなど沢山の欲望をもっている。もちろんこれらも悪いことではないが、一番大事なことは人から信頼される人となることだろう。それには欲を少なくし、自らを高めるための努力をしたいものだ。

藤嶋's eye

二〇一五年のノーベル生理学・医学賞を受賞された大村《おおむら》智《さとし》先生は私も以前から親しくさせていただいておりますが、すばらしいお人柄で、「寡欲より善きはなし」を実践されておられる方です。大村先生は東京理科大学の大学院修士を出られ、理学博士も我が理科大からとっておられます。科学者にとどまらず、美術にも造詣が深く、女子美術大学の理事長もおつとめになり、韮崎大村美術館ももっておられます。

第三章
人としての行動

知《ち》、仁《じん》、勇《ゆう》の
三者《さんしゃ》は
天下《てんか》の達徳《たっとく》なり

知仁勇三者天下之達徳也
『中庸《ちゅうよう》』

徳をもとう

きびしい現実を生きていくのに必要な徳の三つとして知、仁、勇がある。すなわち深い読みができてものごとを適切に処理でき、相手に対しては十分な思いやりがあり、決断力をもっていることだ。

孔子の『論語』の中でもこの三つは中心的な言葉です。

知者は惑わず、仁者は憂《うれ》えず、勇者は懼《おそ》れず

（知者不惑。仁者不憂。勇者不懼。）

藤嶋's eye

知の人は学んだり、考えたりするのが好きでしかも行動的で学んだことをすぐ実践する。仁の人は愛情と真心があり、しかも静かで控えめでもある。勇の人は正義感があり、勇敢に戦う。

『中庸』は、戦国末期から秦漢のころに成立したものとされる。「中」とは偏りのないこと、「庸」とは永久に変わらないことを意味し、天下の変わらない正しい道理が説かれている本。儒教の重要な四つの書物、「四書」の一つ。

己《おのれ》の欲《ほっ》せざる所《ところ》は、
人《ひと》に施《ほどこ》すこと勿《な》かれ
邦《くに》に在《あ》りても怨《うら》み無《な》く、
家《いえ》に在《あ》りても怨《うら》み無《な》し

己所不欲、勿施於人
在邦無怨、在家無怨
『論語《ろんご》』

常に心をおだやかにして、皆と仲良くしよう

自分にしてほしくないことは、当然他の人にもしないようにしたいものだ。世の中でももちろん家の中でも同様で、だれからも好ましい人として評価されたいものだ。

藤嶋's eye

私の最も尊敬する科学者は何といってもイギリスのマイケル・ファラデーです。一七九一年、貧しい鍛冶屋の三男坊に生まれ、製本屋の丁稚奉公に出ます。二十一歳の時ロンドンの王立研究所の公開講座に出たことが縁で、研究所で研究をすることができるようになり、七十歳で定年になるまで一人実験に励み、多くの発見・発明をします。電気を作ることができる電磁誘導はその一つです。名誉よりも人の幸福のための研究を一生した人です。

知《し》ることの艱《かた》きに非《あら》ず、行《おこな》うことこれ艱《かた》し

非知之艱、
行之惟艱
『書経《しょきょう》』

効果的な実行はむずかしいものだ

実際に実行に移すことはむずかしいものだ。

いろいろ調べ、計画を練っておいても、いざ実行となると計画通りにはできないものである。

大学における研究も、企業における新製品開発にも言えることである。

藤嶋's eye

私自身、「光触媒《ひかりしょくばい》」の研究と並行して「ダイヤモンド電極」の研究を続けています。自分たちでダイヤモンドを作り、血中の各種化学種を高感度分析できることがわかり、ある大会社の方々と会社を作り、製品の開発や販売をしたことがありました。性能が良いのにどうして普及できないのか悩んだことがありました。まだ時が早すぎたのです。

君子《くんし》は矜《きょう》にして争《あらそ》わず、
群《ぐん》して党《とう》せず

君子矜而不争、
群而不党
『論語《ろんご》』

立派な人とは自分には厳しく、公平に人と付き合って特定の人とだけ付き合うようなことはしない。

人はどうしても気の合う人とだけ付き合ってしまうものだ。立派な人を見ていると自分自身にはきびしいのに、多くの人となごやかにしかも公平に付き合っていることがわかり、感心してしまう。

藤嶋's eye

この世の中では、多くの会合に出席する必要があり、気の合う人でグループができてしまいます。しかし気が合わないと思っていた人でも、話しているとその人のすばらしさに感動することも多いものです。

小人間居《しょうじんかんきょ》して不善《ふぜん》を為《な》す

小人間居為不善
『大学《だいがく》』

小人を返上しよう

器の小さい人は独りでいると善からぬことをたくらむものだ。
そんなことはすぐに他の人にわかってしまう。
小人を返上し、自らを高めるように努力しよう。

藤嶋's eye

フランスの思想家、文学者のルソーは「生きることとは呼吸をすることではない。行動することだ」と語り、フランスの思想家モンテーニュは「いつかできることは、すべて今日でもできる」と語っています。
与えられた人生、小人を返上しながら有意義に過ごしたいものですね。

『大学』は、作者不明の書物。「大学」とは、「大人の学」を意味し、天下の指導者となる人々の学ぶ学問が書かれている。儒教の重要な四つの書物、「四書」の一つ。

終《おわ》りを慎《つつし》むこと
始《はじ》めの若《ごと》くなれば、
則《すなわ》ち敗事《はいじ》なし

慎終若始、
則無敗事矣
『老子《ろうし》』

最終段階が大事

新しいことを始める時は、緊張感をもって取り組むが、徐々に慣れてきてしまう。最終段階にきた時こそ一層の頑張りを示したいものだ。

藤嶋's eye

陸上競技や水泳競技を見ていると、最後のところでの頑張りで勝敗が決まることが多いですね。この時の達成感こそ気持ちが良いものだと思います。

『老子』は、「道家」の書の代表とされる。万物の根源には「道」という見ることも聞くことも触ることもできない原理が存在し、大きな働きをしていながら謙虚である。人間も「道」の持つ「徳」を身につければ、人生をたくましく生きていけると説く。作者や書かれた時期については諸説ある。

徳《とく》は孤《こ》ならず、
必《かなら》ず隣《となり》有《あ》り

徳不孤、
必有隣
『論語《ろんご》』

徳を積むようにしたいものだ

優しい心をもって正しいことができる力のある人には、理解してくれる人が必ず現れるから、一人きりになってしまうことを心配することはない。

藤嶋's eye

世の中には、自分が自分がと主張する人がいる一方で、他の人のために、善意を尽くしている人もいます。後者の方に少しでも近づきたいものと思うこの頃です。

己《おのれ》立《た》たんと欲《ほっ》して
人《ひと》を立《た》て、
己《おのれ》達《たっ》せんと欲《ほっ》して
人《ひと》を達《たっ》す

己欲立而立人、
己欲達而達人
『論語《ろんご》』

自分にしてほしいことは
まず相手にしてあげよう

自分に名誉がほしいと思ったら、まずは他の人に名誉が与えられるようにしよう。自分に自由な時がほしいと思ったら、他の人にも自由な時間をつくってあげるべきだ。

藤嶋's eye

ある年齢になると勲章がほしくなり、いろいろな運動をされる人がおられます。賞や勲章などは、周囲の方々からの自然におこるすすめがあって初めて、受け取るものだと思います。

大弁《たいべん》は訥《とつ》なるが如《ごと》し

大弁如訥

『老子《ろうし》』

人前で話す時は思っていることを短く、ポイントをついて話そう。

人の心にひびくようなすばらしい話をする人は、一見、話べたのように思うこともあるが、あとですばらしい話だったと感じる。調子に乗って話しすぎることをせず、その場所に合った話をポイント良く、短く話すようにしたいものだ。

藤嶋's eye

私も職業柄、いろいろなところで話す機会が多いですが、あとで後悔するのが常です。限られた時間に、ポイントをついて話すことはむずかしいものです。

道《みち》は爾《ちか》きに在《あ》り、
而《しか》るにこれを
遠《とお》きに求《もと》む

道在爾、而求諸遠
『孟子《もうし》』

近くにいる人を大切にしよう

人間として行うべきことは近くにあるのに、高遠のところに求めようとするものだ。
近くにいる親を大切にし、今教えていただいている先生や仕事上の上司の言うことを良く聞くことが大切なのだ。

藤嶋's eye

「近く」ということでは時間に対しても言えます。「その日その日が一年中の最善の日である」とはアメリカの思想家エマソンの言葉。

『孟子』は、戦国時代の思想家・孟子の言説をまとめたもの。儒教の重要な四つの書物、「四書」の一つ。孟子は孔子の教えを受け継ぎ、それを発展させて「仁」と「義」による王道政治を主張した。孟子は人間の本性の方向性は固定されており、その方向は「善」だとする「性善説」を唱えた。

千里《せんり》の行《こう》も足下《そっか》より始《はじ》まる
千里之行、始於足下
『老子《ろうし》』

まずは始めよう

どんな長い道も、歩ききろうとする意志のもとで、最初の一歩を歩き始めよう。途中苦しくなりやめたいなあと思う心がおきるが、一歩一歩歩きつづけることが大切だ。大きな計画をたてて実行する時にも言えることだ。

藤嶋's eye

かつて読んだ田中つとむ著の『ひとりごと』の中にある言葉がすばらしい。

大河の流れ　一滴から
広大森林　一木から
マラソン完走　一歩から

第四章

人としての生き方

大方《たいほう》は隅《ぐう》なし
大器《たいき》は晩成《ばんせい》す
大音《たいおん》は希声《きせい》なり
大象《たいしょう》は無形《むけい》なり

大方無隅　大器晩成
大音希声　大象無形
『老子《ろうし》』

大器晩成こそすばらしい

この上なく大きい四角は、角ばって見えない。この上なく大きい器は、完成するのもまた遅い。この上なく大きい音は、耳で聞き取ることができない。この上なく大きい形は目で見ることができない。

藤嶋's eye

最後の「大象は無形なり」は地球のことを考えてみればよいのでしょう。大地は私たちの体の大きさに比べてあまりにも大きいので地球が丸い形をしているということが昔の人には考えられなかったと思います。「大器晩成」の言葉でわかるように、ゆっくりと構え、コツコツと努力を続け、一つのことを成し遂げる人はすばらしいものです。

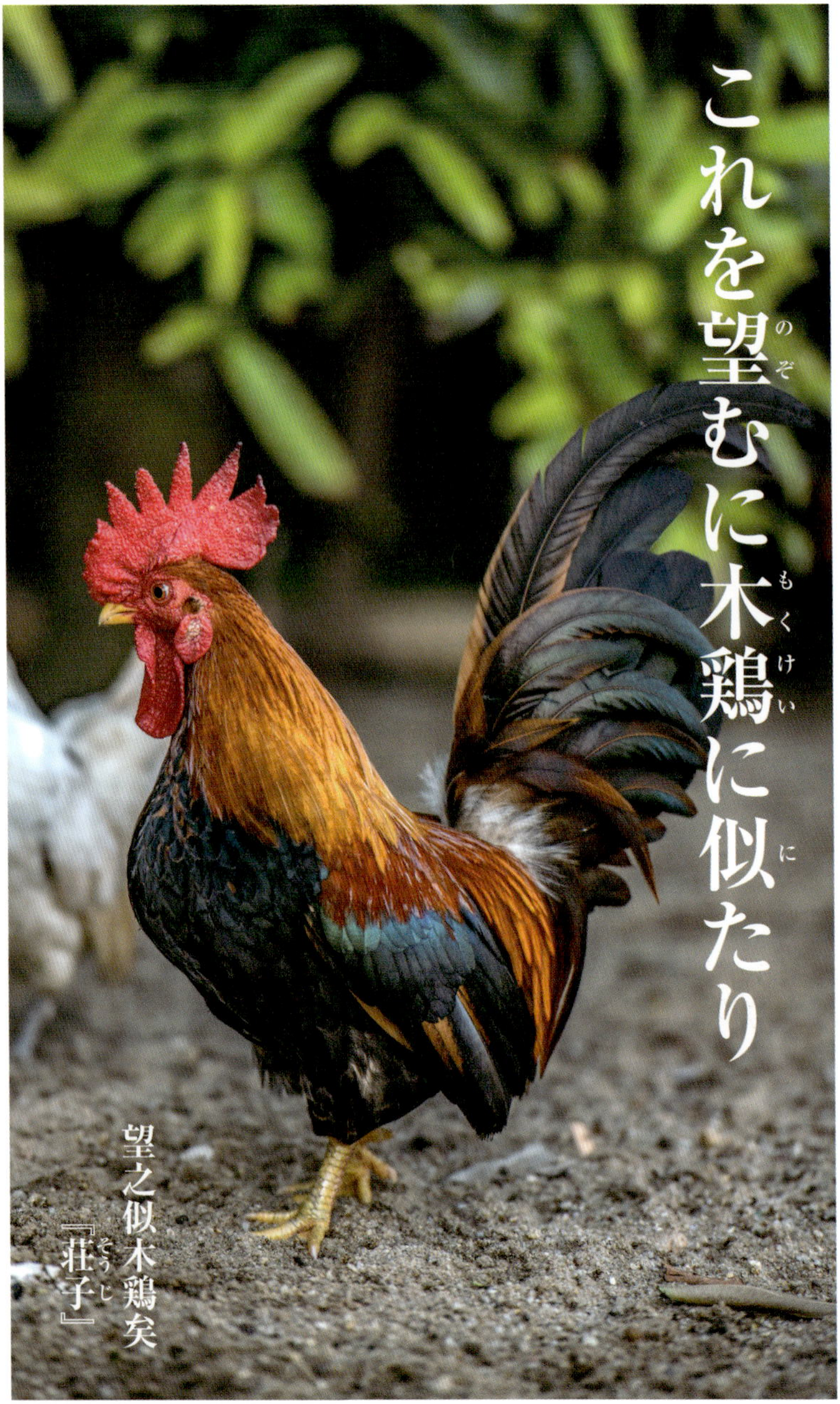

これを望《のぞ》むに木鶏《もくけい》に似《に》たり

望之似木鶏矣

『荘子《そうじ》』

威厳があり、風格をもとう

闘鶏を訓練する紀渻子《きせいし》という名人がいた。王がその名人に一羽の鶏の訓練をたのんだ。1か月半後、その鶏の様子を聞いたところ、他の鶏がどんなに鳴いても木彫の鶏のように動こうともせずにしていて、他の鶏はその姿を見ただけでも逃げてしまうまでになっていたとのこと。このように人も風格をもちたいものだ。

藤嶋's eye

私たちの社会でも、落ち着いた風格が備わった人がおられます。やはり自らを高めるためのことを普段からやっておられるのでしょう。見習いたいものです。

『荘子』は、『老子』と並ぶ「道家」の書。戦国時代の思想家・荘子の著作。万物の根源に「道」があること、「道」の前では万物が同じ存在であることから、小さなことにとらわれない自由で超越的な生き方を説いた。

古《いにしえ》の学者《がくしゃ》は己《おのれ》の為《ため》にし、
今《いま》の学者《がくしゃ》は人《ひと》の為《ため》にす
古之学者為己、
今之学者為人
『論語《ろんご》』

勉強は自分を内面から高めるためにするものだ

孔子の時代でもその時の知識人は他人に認められたいがために勉強していたようだ。いつの時代も同じである。

藤嶋's eye

私自身、何のために研究するのかを自問自答することがあります。研究の最終目的は人の幸福に寄与し、どの人も望んでいる「天寿を全うしたい」に貢献することだと私は思っています。私の研究分野である「光触媒《ひかりしょくばい》」はエネルギーを作り出すことができ、空気や水をきれいにし、きれいな表面を作ることができるなどの効果があるので、少しは天寿を全うするのに役立っているものと思っています。

志《こころざし》は満《み》たすべからず
楽《たの》しみは極《きわ》むべからず

志不可満
楽不可極
『礼記《らいき》』

ほどほどが良いでしょう

望みは、すべてかなえられない方が良い。楽しみの追及も、ほどほどにしたい。

藤嶋's eye

お金持ちの中にはもっとお金がほしいと思っておられる人もいることでしょう。ただ、研究者の一人として思うことは、わからないことはまだまだ多いので一層の研究が必要だということです。研究においてはこれで良いのだということはないのですから。

義《ぎ》を見《み》て為《な》さざるは、勇《ゆう》なきなり

見義不為、無勇也
『論語《ろんご》』

勇気をもとう

人間として当然なすべき義務と知りながら行動をためらうのは、勇気に欠けている証拠である。

藤嶋's eye

町中や電車の中で困っている人を見ても声をかけるのはなかなか勇気がいることです。聖書の中のサマリア人の話を思い出します。道ばたで困っている人がいても、ほとんどの人が見ないように避けて通ってしまったのに対し、ユダヤの世界では下に見られていたサマリア人の一人が親切にしてあげた話です。

「義」は「五常」と呼ばれる儒教の基本的な徳目（仁、義、礼、智、信）の一つで、「正しい」という意味、ひいては「人として守らなければならない正しい道」という意味。

君子《くんし》は豹変《ひょうへん》し、小人《しょうじん》は面《おもて》を革《あらた》む

君子豹変、小人革面

『易経《えききょう》』

上の人は常に革新を考えるべき

君子は、常に自己革新をはかる。小人は、表面だけは改めるが、本質的には変わることができない。豹の毛が、秋になると抜けかわり、あざやかな模様を見せるのを「豹変」という。「君子豹変」ということばの出典になっている。上にたつ人は常に革新を考えつつ前進したいものだ。

藤嶋's eye

豹が何のために毛の色を変えるのか知りませんが、雷鳥のように周囲の色に合わせて体の表面の色を変えている動物は多いものです。このような保護色をもつことは子孫繁栄の一手段です。いもむしから蛹《さなぎ》になり蝶《ちょう》として変化していく様など自然界には不思議なことが多いものです。

『易経』は、陽と陰の組み合わせによって変化の理法を究めようとした占いの原典。「易」は変化という意味。あらゆる事象を64のタイプ「卦」に分け、それを説明する「経」と、その解釈学である「十翼」からなっている。儒教の重要な五つの経典、「五経」の一つ。

事《こと》予《あらかじ》めすれば
則《すなわ》ち立《た》ち、
予《あらかじ》めせざれば
則《すなわ》ち廃《はい》す

事予則立、
不予則廃
『中庸《ちゅうよう》』

十分な準備のあとの実行でありたい

何ごとをするにも十分な準備が重要である。急に思いついても、十分に調べ、計画をたてなければ、思わぬことがおこったり、すでに知られていることだったりする。

藤嶋's eye

「からすのパンやさん」「どろぼうがっこう」など数々の童話を書いておられる加《か》古《こ》里《さと》子《し》先生と親しくさせていただき、「太陽と光しょくばいものがたり」もご一緒に出版させていただきました。九十歳になられる加古先生ですが、今も年に二十冊以上出版されておられます。準備期間は本によっては二十年以上だそうです。いつも感動しながらお話を伺っています。

険《けん》を見《み》て能《よ》く止《とど》まるは、
知《ち》なるかな

見険而能止、
知矣哉
『易経《えききょう》』

時に中止や撤退も必要だ

時に危険を感じることがある。その時には周囲の様子をゆっくりと冷静に見合わせて、進むのをやめることも必要だ。ただやみくもに進むのがよいのではない。もちろん計画変更には勇気を要する。知者とは自らの進退についても正しい判断ができる人を言う。

藤嶋's eye

人生にはいろいろなことがおこります。進むべき時は積極的に行動したいですが、時には慎重に考えて中止や撤退をすることも必要です。私自身も、研究をしていて、そのテーマに発展性や将来性がないと思ったり、あるいは自分の得意分野からはずれるようになる時は中止してきました。

己《おのれ》を枉《ま》ぐる者《もの》にしていまだ能《よ》く
人《ひと》を直《なお》くする者《もの》はあらず

枉己者未有能直人者也
『孟子《もうし》』

指導者は毅然とした態度をとろう

自分が正しいと思っていることも相手に合わせて変えてしまうような人は、指導的立場にたっても人を正しい方向に導くことはむずかしいものだ。

藤嶋's eye

ルネッサンスの時代のイタリア・ピサ生まれの科学者ガリレオ・ガリレイの偉大さには驚きます。一六一〇年に月や天の川、木星を自作の顕微鏡で観測、宗教裁判にかけられながらも地動説を主張したのもガリレオです。偉大な科学者の生き方に学ぶことが多くあります。

知《ち》の難《かた》きに非《あら》ず
知《ち》に処《しょ》するは
則《すなわ》ち難《かた》し

非知之難也
処知則難也
『韓非子《かんぴし》』

応用力をつけておきたい

知ることはそれほどむずかしいことではない。知ったあとでどのように対処するかがむずかしいのである。情報はうまく活用してこそ価値が出てくるということか。

藤嶋's eye

研究を続けていて思うことですが、他の人のすばらしい研究成果を理解することは比較的容易ですが、その原理や現象を自分の研究に取り入れて、さらに発展させていくのはむずかしいものです。普段からセンスをみがいておいて、広く適用できるだけの力をつけておきたいものです。

『韓非子』は、戦国時代の思想家・韓非による「法家」の理論を集大成した政治思想書。韓非は、荀子から儒学を学び、国家が衰弱していく原因がどこにあるかを分析し、「性悪説」にたって、法で国を支配する法治主義を唱えた。

慮《おもんぱか》らずんば胡《なん》ぞ獲《え》ん、
為《な》さずんば胡《なん》ぞ成《な》らん

弗慮胡獲、
弗為胡成
『書経《しょきょう》』

実行が大切

いろいろな人の名言などを聞いても聞くだけでは何の役にもたたない。

自分の頭で考え、そして実行することが大切だ。

藤嶋's eye

多摩川の近くにすんでいるので、土手を朝五時ごろから歩くことも多いですが、それでも一日一万歩を実行できるのは月の半分ぐらいです。続けることの大切さは、自覚はしているのですが。

『書経』は、古代中国の天子や王、彼らを助けた補佐役たちの言説を中心に、儒家の理想とした政治理念をまとめたもの。周の時代の史官の記録がもとになっている。儒教の重要な五つの経典、「五経」の一つ。

小人《しょうじん》は水《みず》に溺《おぼ》れ、君子《くんし》は口《くち》に溺《おぼ》れ、大人《たいじん》は民《たみ》に溺《おぼ》る

小人溺於水、君子溺於口、大人溺於民

『礼記《らいき》』

失敗には原因がある

それぞれのレベルによって失敗を招くものだ。
慣れからの油断に気をつけよう。凡人は水に溺れるし、高い位の人はお酒を飲んで多弁になって失敗し、政治家は人民をバカにすると落選する。

藤嶋's eye

時にお酒を飲みすぎて、相手に対し、言いすぎてしまうことがあります。あとで後悔し、反省をするのではありますが…。

先発《せんぱつ》すれば
人《ひと》を制《せい》し、
後発《こうはつ》すれば
人《ひと》に制《せい》される

先発制人、
後発制於人
『漢書《かんじょ》』

良いことはすぐ実行しよう

これが良いことだと思ったら、十分に調べ、情勢判断をしたのち、果敢に実行すべきである。もちろん、うまくいかなかった時のことも十分に考えておくべきだが。

藤嶋's eye

明治時代、軍医をしながらすばらしい小説も書いた森鷗外《もりおうがい》が次のように言っています。

「武士はいざという時には飽食はしない。しかしまた空腹で大事なことに取り掛かることもない」

『漢書』は、漢の時代の高祖劉邦が興した、前漢王朝一代の記録。『史記』に次ぐ２番目の正史。後漢時代の史家班固によってまとめられた。

人生《じんせい》、一分《いちぶ》を減省《げんせい》せば、
すなわち一分《いちぶ》を超脱《ちょうだつ》す

人生減省一分、
便超脱一分
『菜根譚《さいこんたん》』

限られた人生、時間は有効に使いたいものだ。

歳がふえるにつれて世の中での付き合う人もふえてくる。それにつれてどんどん雑用も多くなる。しかし、時間は限られているし、どうしてもやらなければならないことはそれほど多くはない。世の中での付き合いも徐々に少なくしたいものだ。

藤嶋's eye

長寿時代になったとはいえ、人生、トータルの時間は限られています。私などは制限時間に近づいていています。無駄なことは少しずつ減らして、ゆっくりとした時をもちたいものです。

『菜根譚』は、中国流の処世術をまとめた書物。およそ360の短い文章で構成されている。儒教と道教、仏教の教えを融合し、人生を自在に、したたかに生きるための知恵を説いている。著者は、明の時代の洪自誠。

言《い》いて当《あ》たるは
知《ち》なり
黙《もく》して当《あ》たるも
知《ち》なり

言而当知也
黙而当亦知也
『荀子《じゅんし》』

良く考えてから発言しよう

発言した方が良いのか、黙っていた方が良いのか。会議などでは常に悩むものである。発言する時には核心をつくことを言い、他の人のつまらない多弁の時には黙って聞いていた方が良い。「黙するを知るは言うを知るがごとし」である。

藤嶋's eye

田中真澄《たなかますみ》氏の「人生は今日が始まり」の小冊子には、次のような内容が書かれています。

二人で話している場合でも、自分の話は三割におさえ、聴く方に七割の時間配分をするように心がけ、加えて、相手の話には、うなずき、あいづち、驚きの表情があるとよい。

黙《もく》してこれを成《な》し、言《い》わずして信《しん》あるは徳行《とっこう》に存《そん》す

黙而成之、
不言而信、
存乎徳行
『易経《えききょう》』

人がついてくるような徳を身につけよう

リーダーたるもの、普段から徳を養い、部下の心をとらえていなければピンチにたたされた時など、その困難なことを乗り越えることがむずかしいものである。人間的魅力をもてるよう常に心がけていなければいけない。

黙って座っていても人の信頼を得られるようなリーダーが望ましい。

藤嶋's eye

手にやけどを負いながら現在の日本医科大学で学びアメリカに渡って基礎医学者としての力をつけ、アフリカで黄熱病に対して戦った、かの有名な野口英世が次のように述べています。

「努力だ。勉強だ。それが天才だ」

吉人《きつじん》の辞《じ》は寡《すくな》く、
躁人《そうじん》の辞《じ》は多《おお》し

吉人之辞寡、
躁人之辞多
『易経《えききょう》』

発言に気をつけよう

徳のある人は口数が少なく、徳のない人は口数が多いものだ。
良く考えての発言が大切で、考えもなくベラベラしゃべるなど論外だ。

藤嶋's eye

どの国でも、どの時代でも同じような格言が言われています。沈黙は金、雄弁は銀とは良く知られた格言。心したいことです。

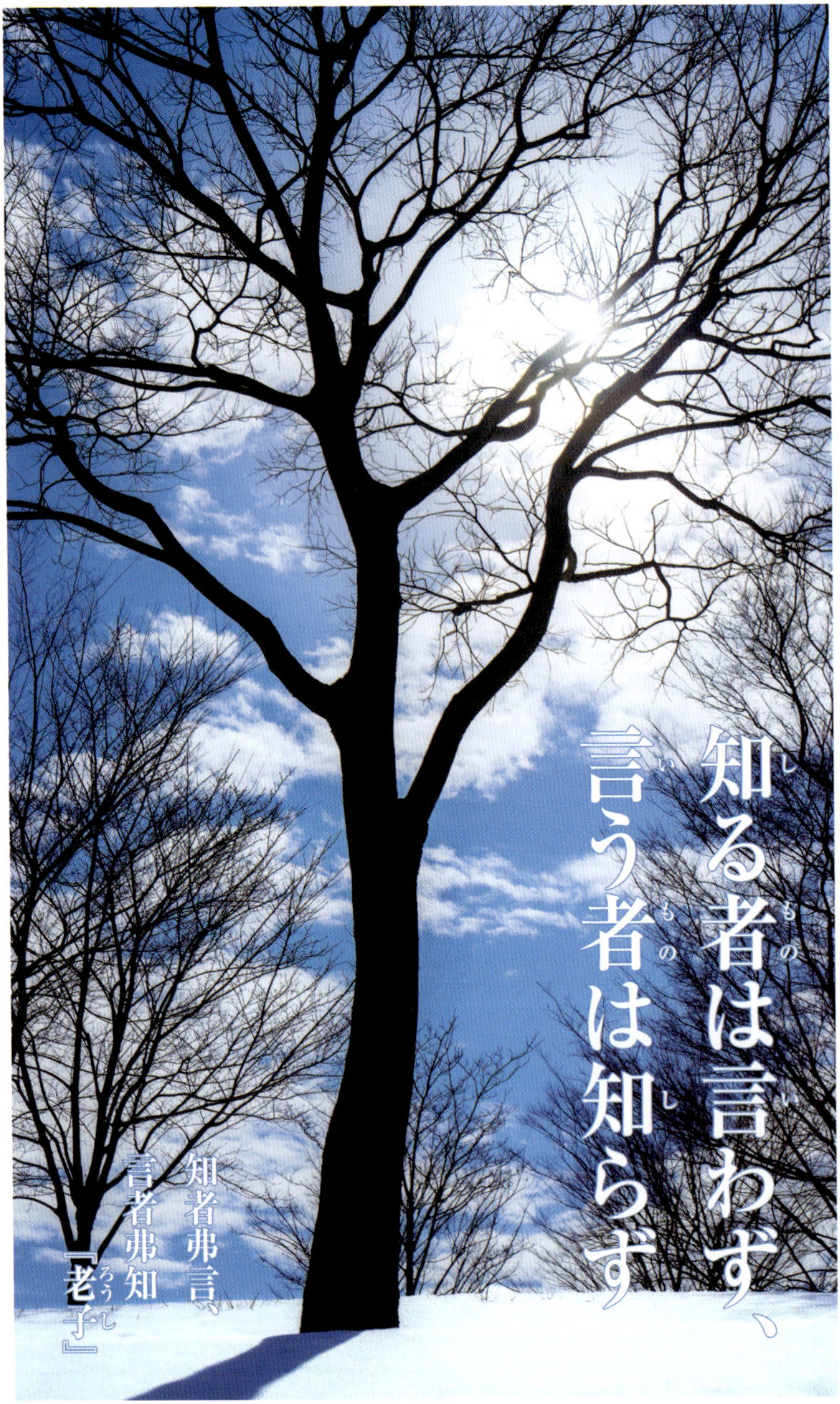
知《し》る者《もの》は言《い》わず、
言《い》う者《もの》は知《し》らず
知者弗言、
言者弗知
『老子《ろうし》』

知者はいろいろ言わないものだ

自分を高めるために常に勉強している人の話す言葉はすばらしい。十を知って一を話すようにしたいものだ。

藤嶋's eye

おしゃべり好きの人は多くいます。もちろんいろいろな人と会話をすることは大事ですが、何ごとも控えめにしたいものです。

初《はじ》めあらざること靡《な》く、克《よ》く終《お》わりあること鮮《すく》なし

靡不有初、
鮮克有終
『詩経《しきょう》』

最後までの努力が大切

最後まで努力をしよう。何か新しいことを始める時は、だれでも成功させようと緊張して行うが、軌道にのってくると、緊張感もゆるんできてしまうものだ。
好調な時こそ気持ちを引きしめて最後まで努力したいものだ。

藤嶋's eye

宮本武蔵《みやもとむさし》が『五輪書《ごりんのしょ》』の「水の巻」で次のように書いています。
千日の稽古を鍛とし、万日の稽古を錬とす。鍛錬こそ大事だ。

『詩経』は、春秋時代までの古代中国約600年間の詩を集めた、中国最古の詩歌集。当初は3000篇あったが、孔子が300余篇を選んで現在の形にしたと伝えられている。儒教の重要な五つの経典、「五経」の一つ。

老《お》いては当《まさ》に
益《ますます》壮《さか》んなるべし
寧《なん》ぞ白《はく》首《しゅ》の心《こころ》を
知《し》らん

老当益壮。
寧知白首之心。
王勃《おうぼつ》

年をとっても、若者に負けないように活発でいたいものだ

寿命がどんどんのびていて、昔は人生五十歳と言われていたのに、今では八十歳は当たり前である。年をとっても元気に活動している人が多いが、若い人はどのように思っているのだろうか。しかし独善にはなりたくないものだ。

藤嶋's eye

一生現役と言いながら、実際にすばらしい働きをされている九十代の方を知っています。一方では老害とかげ口を言われている人が多いのも事実です。引き際をきれいにしたいものだと、私自身は思っています。

王勃は、唐の時代の官僚で、詩人。奴隷を殺害した罪で官を追われた王勃は、自分の罪のせいでベトナムに左遷された父を見舞う旅に出た。この文章は、その旅の途中で王勃が作ったもの。

剣《けん》は砥《と》を待《ま》ちて
而《しか》る後《のち》に能《よ》く利《り》なり
剣待砥而後能利
『淮南子《えなんじ》』

不断の修養が大切

刀も包丁もすぐさびてしまう。鋭い切れ味を保つには常に砥石で研ぎあげておくことが必要だ。立派な人間になるためにも常に自らを高めるための修養を怠ってはいけない。

藤嶋's eye

十五年ほど前の東大教授退任時、最終講義の最後のスライドは荘子の言葉「新発硎」にしました。硎とは砥石のこと。よく研いで再出発したいという思いでした。

『淮南子』は、漢の時代に淮南王で学者の劉安によって編まれた百科全書。道家の「無為自然」の説をふまえながら、自然現象と政治、軍事、処世などの人事百般を関連付け、それを説明するための根拠として数多くの伝説や寓話を引用している。

跂《つまだ》つ者《もの》は立《た》たず
跨《また》ぐ者《もの》は行《い》かず

跂者不立
跨者不行
『老子《ろうし》』

無理をせず、一歩一歩着実に前進しよう。

今以上に高く見せようと、つま先でたっても、つかれてしまい、ふらついてしまう。大股で速く歩こうとしても体勢がついていけず、長続きはしない。やはり、無理をせず、自分に合った歩き方で一歩一歩前進したいものだ。

藤嶋's eye

マラソンや駅伝を見ていても、自分の本来のペースを保ち、着実に走る人が強い。研究でも言えることです。

尽《ことごと》く書《しょ》を信《しん》ずれば
則《すなわ》ち書《しょ》なきに如《し》かず

尽信書則不如無書
『孟子《もうし》』

自分の考えをもとう

本に書いてあることをそのまま信じるのではなく、自分なりに考えて行動すべきだ。

藤嶋's eye

この本で紹介している『論語』を始め、名言集には多くのすばらしい教訓が書かれています。もちろん見本としては良いのですが、あせらずゆっくりとそれらを自分なりに実行したいものです。

「書」は、『書経』を指す。孟子は『書経』の記述に気に入らないところがあったため、「『書経』をまるごと信じるなら書経などない方がましだ」という言葉を残した。後世、「書」を「書物全般」としてとらえる考え方が広まった。

功《こう》の崇《たか》きはこれ志《し》、
業《ぎょう》の広《ひろ》きはこれ勤《きん》

功崇惟志、
業広惟勤
『書経《しょきょう》』

高い目標をもとう

限られた人生ではあるが、目標を持ち、持続的努力をしたいものだ。つまり、人生には「志」と「勤」が重要である。はっきりとした大きな目標をもち、それを実現するための計画をたて、持続的な努力をしたいものである。

藤嶋's eye

西郷隆盛《さいごうたかもり》が『南洲翁遺訓《なんしゅうおういくん》』で次のような名言を残しています。

「人を相手にせず、天を相手にせよ。天を相手にして、己を尽くし、人を咎《とが》めず、我が誠の足らざるを尋ねるべし」

天《てん》を怨《うら》みず、
人《ひと》を尤《とが》めず

不怨天、不尤人
『論語《ろんご》』

自分の責任を自覚しよう

自分だけが不幸だと不満をいうことが人情である。しかし、苦しい時、辛い時の責任は、ほとんどが本人にあるものだ。

藤嶋's eye

福沢諭吉《ふくざわゆきち》が次のように述べているのはすばらしいと思います。

「人は生まれながらにして貴賤貧富の別なし。ただ学問を勧めて物事をよく知る者は貴人となり富人となり、無学なる者は貧人となり下人となるなり」

孔子の生涯は、不遇であった。若い時から政治に志したが、容易に機会がおとずれない。50歳を過ぎてから、ようやく然るべき地位に登用されたが、わずか数年で失脚し、流浪の生活に戻った。その孔子の晩年の言葉とされるもの。

第五章
良い友をもとう

益者三友《えきしゃさんゆう》、損者三友《そんしゃさんゆう》

益者三友、
損者三友
『論語《ろんご》』

良い友をもとう

良い友人をもつことは、すばらしい人生を送るには最も大切なことである。孔子は選ぶべき友として三種類の人をあげ、選ぶべきではない人も三人あげている。中国文学者の守屋洋氏によると以下のようである。「ためになる友人とは①剛直な人、②誠実な人、③教養のある人。逆に、ためにならない友人とは①易きにつく人、②人ざわりばかりよい人、③口先だけうまい人」

藤嶋's eye

孔子が『論語』の「述而篇《じゅつじ》」で述べている次の言葉もすばらしいものです。「三人行くときは必ず我が師有り。其の善き者を択《えら》んで之に従う。其の善からざる者は之を改む」

君子《くんし》は文《ぶん》を以《も》って
友《とも》を会《かい》し、
友《とも》を以《も》って
仁《じん》を輔《たす》く

君子以文会友、
以友輔仁
『論語《ろんご》』

良い友との勉強

立派な人は古典などの勉強を友人と行い、その友達のおかげでますますすばらしい人になれるものだ。

藤嶋's eye

私も大学二年生の春休み、友人五人と伊豆の民宿に泊まり込み、当時基本的な課目として重要とされた朝永《ともなが》振一郎《しんいちろう》著の『量子力学（上）（下）』を輪読した時のことを思い出します。その時の友人たちは今も一番の親友です。

一手《いっしゅ》独《ひと》り拍《う》つは、
疾《つよ》しと雖《いえど》も声《こえ》なし

一手独拍、
雖疾無声
『韓非子《かんぴし》』

一人では何もできない

片手で拍手したとしても、どんなに強く打っても音はでない。

藤嶋's eye

宴会などのお開きの時、皆で威勢よく三三七拍子などをすることがあります。一本締めで終わることもありますね。もちろん片手では拍手はできないわけですから、組織のトップだけが一人頑張っていても下の者の協力がなければ何ごともできないわけです。笑いながら楽しく大きな拍手をしたいものですね。

吾《われ》日《ひ》に吾《わ》が身《み》を三省《さんせい》す
人《ひと》の為《ため》に謀《はか》りて忠《ちゅう》ならざるか
朋友《ほうゆう》と交《まじ》わりて信《しん》ならざるか
習《なら》わざるを伝《つた》えしか

吾日三省吾身
為人謀而不忠乎
与朋友交而不信乎
伝不習乎
『論語《ろんご》』

自分の行動を反省しつつ、高めるように努力したいものだ。

わたしは一日のうちで少なくとも三回は反省します、と孔子は言う。第一には相談をされた時に十分にまごころをこめていなかったのではないか。第二には友だちと付き合っていて裏切るようなことをしてしまったのではないか。第三には十分に理解していないことを伝えてしまったのではないか。

藤嶋's eye

この孔子の言葉もすばらしいですが、ほぼ同じ時代にギリシャに生きたソクラテスの言葉も味わい深いと思います。

「大切にしなければならないのは、ただ生きるのではなくて、よく生きることだ」

君子《くんし》は周《しゅう》して比《ひ》せず、
小人《しょうじん》は比《ひ》して周《しゅう》せず

子曰、君子周而不比、
小人比而不周
『論語《ろんご》』

どんな人と付き合っているかで その人のことがわかる

立派な人はだれとでも仲良くなって楽しく過ごすのに、だめな人は特定の人とだけ付き合ってしまうものだ。

藤嶋's eye

夏目漱石《なつめそうせき》の生誕百五十年が近づいてきています。漱石には『坊っちゃん』の名作がありますが、坊っちゃんは東京物理学校の出身、つまり今の東京理科大学を卒業したことになっていて、私たちのシンボルです。漱石の家には毎日のように多くの文学者たちが集まったそうで、執筆にも支障をきたすようになってきたため、面会は木曜日午後三時からと制限したそうです。安倍能成《あべよししげ》、内田百閒《うちだひゃっけん》、そしてもちろん寺田寅彦《てらだとらひこ》、学生だった芥川龍之介《あくたがわりゅうのすけ》もいたそうです。

『論語』の中に出てくる「君子」とは、思いやりの気持ちがあり、正しい行いができ、理想の生き方を求めてそれを実行している人を指す。対して「小人」は、君子とは反対の、良くない行いをしてしまう人のことを指す。

第六章

人生の機微

三十《さんじゅう》にして立《た》ち、
四十《しじゅう》にして惑《まど》わず

三十而立、
四十而不惑
『論語《ろんご》』

人生の目標

人生の努力目標をしっかりとたてておこう。

孔子が自分の人生をかえりみて言った言葉である。

「吾、十有五にして学に志し、三十にして立ち、四十にして惑わず。五十にして天命を知る。六十にして耳順《したが》う。七十にして心の欲する所に従いて矩《のり》を踰《こ》えず」

藤嶋's eye

私自身七十歳をこえてしまいました。心の欲する所に従って自由な時をもつまでの余裕が今もないのが現状です。八十歳の目標は何にしたら良いのか、孔子様に聞いてみたいものです。

酒債《しゅさい》尋常《じんじょう》行《ゆ》く処《ところ》に有《あ》り
人生《じんせい》七十《しちじゅう》古来《こらい》稀《まれ》なり

酒債尋常行処有
人生七十古来稀
杜甫《とほ》

楽天的にいこう

七十まで生きていられるのはめずらしいことだ。しかしここまで生きてこれたので、お酒のための借金はあるが気にせず楽天的に生きてゆこう、とはお酒を愛した杜甫らしい。

藤嶋's eye

日本では六十歳の還暦が一つの大きなお祝いですが、中国では七十歳の古稀の方が大事なようです。四年前に私が古稀を迎えた折には中国人の留学生たちが三十人ほど集まり、北京で大きな祝賀会を開いてくれました。私の人生の記念すべき大きなイベントでした。

70歳を古稀と呼ぶのも、この詩句からきている。杜甫は、唐の時代の官僚で詩人。国を憂い、民の苦しみを詠んだ数多くの名詩を残し、中国詩の可能性を大きく切り開いたことから「詩聖」と称された。

君《きみ》は君《きみ》たり、臣《しん》は臣《しん》たり、父《ちち》は父《ちち》たり、子《こ》は子《こ》たり

君君、臣臣、父父、子子
『論語《ろんご》』

国のリーダーの人は
それなりの風格がなければならないし、
サポートする人には
それぞれの役割に合った働き方がある。

家の中では父親は父親としての役割があるし、母親はもちろん子供たちへのあたたかな働きをしなければならない。
もちろん子供たちは両親にあまり心配をかけないようにする必要がある。

藤嶋's eye

東京理科大学の学長をさせていただいている現在、その役割を果たすことができているのか、日々ふりかえる毎日です。

父《ふ》母《ぼ》の年《とし》は、
知《し》らざるべからざるなり
一《いち》は則《すなわ》ち以《もっ》て喜《よろこ》び、
一《いち》は則《すなわ》ち以《もっ》て懼《おそ》る

父母之年、不可不知也
一則以喜、一則以懼
『論語《ろんご》』

父母のことは一番大事だ。今健勝でいてくれることはうれしいが、一年一年と年老いてきている。

両親の年齢のことは常に覚えていなければならない。私たち子供や孫たちのことを常に心配してくれているが、両親もいつまでも元気でいてくれるわけではない。一年一年と年老いて、死に近づいていく両親にはやさしくしてあげたいものだ。

藤嶋's eye

私の場合、父を二十三年前に八十七歳で、母を二年前に百歳で天に送りましたが、元気に二人で旅行していたことを今もなつかしく思い出しています。

人間万事《にんげんばんじ》　塞翁《さいおう》が馬《うま》

近塞上之人、有善術者。馬無故亡而入胡。人皆弔之。其父曰、此何遽不為福乎。居数月、其馬将胡駿馬而帰。人皆賀之。其父曰、此何遽不為禍乎。家富良馬。其子好騎、堕而折其髀。人皆弔之。其父曰、此何遽不為福乎。居一年、胡人大入塞。丁壮者引弦而戦。近塞之人、死者十九。此独以跛之故、父子相保。故福之為禍、禍之為福、化不可極、深不可測也。

『淮南子《えなんじ》』

長い人生、いろいろなことがおこる。悪いことのあとには良いこともあるし、逆のことも多い。

ある老人が大切に飼っていた馬に逃げられて、しおれていたが、しばらくしてその馬が立派な馬を連れて戻ってきてくれた。その立派な馬に息子が喜んで乗っていたところ、落馬して足の骨を折ってしまった。しかしそのために息子は兵隊にとられずに、戦死しないですんだ、という話。

藤嶋's eye

この言葉はいろいろな場面で言われることがあります。どんな人も今まで経験したことを思い返してみると思い当たることがあるのではないでしょうか。

禍福《かふく》は門《もん》なし、ただ人《ひと》の召《まね》く所《ところ》

禍福無門、
唯人所召
『左伝《さでん》』

幸せは自分で招こう

幸せも不幸も当人が招いているものだ。
幸せになりたければ自ら努力して幸いをつかもう。

藤嶋's eye

何が幸福で、何が不幸かは、それぞれの人の境遇や考え方によって違います。お金持ちはもっとお金が入れば幸福と思うかもしれませんが、私は家族が健康であれば一番幸福です。静かに考える時間がもてている時も幸せだと感じています。

『左伝』は、『春秋左氏伝』の略。儒教の重要な経典の一つ『春秋』の本文に左丘明が注釈を施したとされる書物。逸話をふんだんに補い文学性に富むため、歴史の入門書として広く読まれてきた。

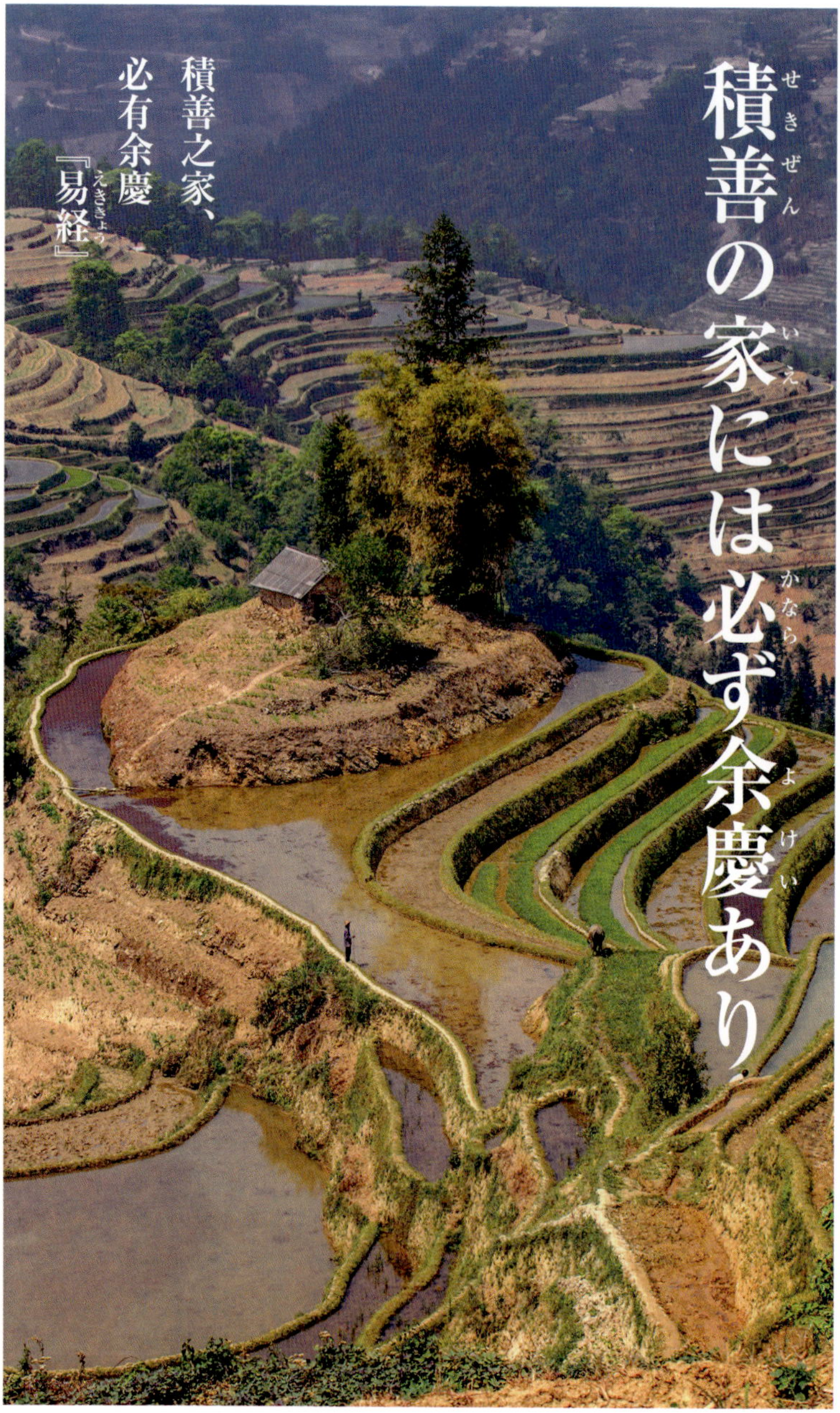
積善《せきぜん》の家《いえ》には必《かなら》ず余《よ》慶《けい》あり。
積善之家、
必有余慶
『易経《えききょう》』

行いを良くしよう

良い行いをしていれば、必ず良い報いがある。逆に悪い行いをしていれば不幸がおとずれるものだ。良い報いを期待したいならば、普段の行いをつつしみ、善行を行おう。

藤嶋's eye

ポジティブ思考を常に心がけ、他の人の行為などを好意的に見ようとする心が大切だと思っています。同じ一生ならば、このようにして心の平安を保ちたいものです。

天《てん》我《わ》が材《ざい》を生《しょう》ず
必《かなら》ず用《よう》有《あ》り
千金《せんきん》散《さん》じ尽《つ》くすも
還《ま》た復《ま》た来《き》たらん

天生我材必有用
千金散尽還復来
李白《りはく》

生きたお金として使いたいものですね

この世に生をうけたからには、少しは世の中で役にたつことをしたいものだ。生きたお金を使えば必ず又、入ってくるものだ。

藤嶋's eye

二〇〇四年に本多健一《ほんだけんいち》先生とご一緒に日本国際賞をいただくことができました。多額の賞金もいただきましたが、本多先生と相談し、お世話になっている学会などに大半を寄付させていただきました。若手研究者を励ます賞を作っていただき、今も電気化学会と光化学協会で私たちの名前をつけた賞が続けられていることは大変名誉なことだと思っています。

第七章
自然に学ぼう

花《はな》は半開《はんかい》を看《み》、
酒《さけ》は微酔《びすい》に飲《の》む

花看半開、
酒飲微酔
『菜根譚《さいこんたん》』

人生の生き方の極意

半開の花を楽しみ、ほろ酔いかげんを楽しむこと。
人生の生き方もこの辺が大切だ。

藤嶋's eye

桜も満開の時よりも五分咲きの時の美しさに感動します。ソメイヨシノがどうして木全体に花をつけるのか、不思議に思います。毎朝、六時半からのラジオ体操を近くの公園で続けてきて十年以上になりますが、私の場所はいつも大きな桜の木の下です。

『菜根譚』の書名は、宋の時代の汪信民の「菜根を咬み得れば百事做すべし」という言葉からとったもの。意味は、「淡泊に暮らし、物質に心を奪われず、貧しくても満足して人生を送れば困ることはない」というもの。「菜根」は文字通り、いもや大根、菜っ葉などの粗食のこと。

桃李《とうり》もの言《い》わず、
下自《したおの》ずから蹊《みち》を成《な》す

桃李不言、
下自成蹊
『史記《しき》』

本物には自然と人が集まる。

美しい花を咲かせ、そのあとにはおいしい果物を実らせる桃や李《すもも》の下には人が自然に集まってくるものだ。人間の社会でも誠実で親切な人の周りには多くの人が集まってくる。

藤嶋's eye

研究の分野でも、自分の専門領域のことなら、国際会議に出なくても、世界中の研究者の動向が自然にわかります。注目されるような結果を出せばすぐに世界中の研究者に知れ渡ります。だからこそ価値のある研究成果を出したいと、どの研究者も努力しています。

『史記』は、漢の時代の司馬遷の著作。伝説時代の中国から漢代初期までの歴史がつづられている。前漢時代の名将李広が、口下手で無骨な人柄だったにもかかわらず、誠実さで配下に慕われたことのたとえとされる。

松樹《しょうじゅ》は千年《せんねん》なるも
終《つい》に是《こ》れ朽《く》ち
槿花《きんか》は一日《いちじつ》なるも
自《みずか》ら栄《えい》を為《な》す

松樹千年終是朽
槿花一日自為栄
白居易《はくきょい》

人はそれぞれの特長があるから比較することなど意味がないよ

松は千年もの寿命をもっているが、必ず枯れる。
ムクゲの花は一日だけきれいに咲くがすばらしい美しさだ。

藤嶋's eye

古いお寺などにある大きな松の木の雄大さに圧倒されることもありますし、道ばたに咲く小さなスミレのけなげさに感動することもあります。それぞれの特長を評価すること、ほめあうことが大切だと思います。

白居易は、唐の時代の官僚で詩人。唐の詩人の中で最も多くの詩を残している。

国《くに》を治《おさ》むるはなお
樹《き》を栽《う》うるが如《ごと》し
治国猶如栽樹
『貞観政要《じょうがんせいよう》』

太い木を植えよう

木というものは根や幹がしっかりしていれば枝葉は自然に繁茂する。
上にたつ人が率先精励すれば皆が幸せになるものだ。

藤嶋's eye

私の出身地は愛知県の足助町《あすけちょう》で現在は豊田市になっていますが、現在も本籍をここにおいています。先祖からのお墓もあり、わずかの山や田ももっています。「太い筍」というタイトルのエッセイを書いたことがありますが、わが家の竹やぶでは「たけのこ」がなぜか取れません。理由は手入れもせず、竹が生い茂っているのでたけのこが生える必要がないからです。太いたけのこをとるには十分な手入れが必須であることを教えてもらいました。

『貞観政要』は、唐の時代の二代目皇帝太宗と、彼を補佐した名臣たちとの間で交わされた政治問答集。唐の史家呉兢の編。

上善《じょうぜん》は水《みず》の如《ごと》し

上善如水
『老子《ろうし》』

水に習い理想的な生き方をしよう

理想的な生き方をしたいなら水のあり方に学ぼう。
水は学ぶべき三つの性質をもっている。第一は自由自在に動くことができる。いろいろな形をした器に水を入れてもそれに従っている。第二に謙虚でおくゆかしい。水は下に下にと流れていき人のいやがる低い所に行く。第三は、大きなエネルギーをもっている。特に急流の水の流れは大きなエネルギーをもっていて、電気を作ることもできる。

藤嶋's eye

水ほど不思議な性質をもっている化合物はありません。例えば普通の化合物は液体から固体になると体積が小さくなるのに、水は逆に氷になると大きくなり、水の上に浮きます。寒いところの湖で魚が生きていられるのも、この性質があるからです。

知者《ちしゃ》は水《みず》を楽《たの》しみ、
仁者《じんしゃ》は山《やま》を楽《たの》しむ

知者楽水、
仁者楽山
『論語《ろんご》』

河を楽しむのも、山を楽しむのも、それぞれすばらしい

河の水はいつも流れ続けていて、休むことがない。一方山は動くことがない。知者は常にアイデアが出てくるが、仁者は超然として自分の考えを守っている。

藤嶋's eye

京都大学に行った折、賀茂川のほとりで、しばらく水の流れの変化を楽しんだことがありました。東京理科大学の北海道・長万部《おしゃまんべ》キャンパスに泊まって早朝、山を見ながら野鳥のさえずりのすばらしさに感動したこともありました。いずれも一人で自然を楽しみました。

霜《しも》を履《ふ》みて堅氷《けんぴょう》至《いた》る

履霜堅氷至

『易経《えききょう》』

何ごとも前もって準備をしておこう

秋が深くなってくると霜がおりてくる。これは寒い冬の日が来て、堅い氷がはる時が近づいてきていることを表している。
厳冬をこえるための準備が必要である。

藤嶋's eye

時間は待ってはくれません。予定された行事なども一日一日と着実に近づいてきます。前もって少しずつでも準備をしておくと、あわてずに当日を迎えることができます。

蝸《か》牛《ぎゅう》角《かく》上《じょう》の争《あらそ》い

有国於蝸之左角者、日触氏
有国於蝸之右角者、日蛮氏
時相与争地而戦
伏尸数万、逐北、旬有五日而後反
『荘子《そうじ》』

物を大きく見よう

地上の争いなど宇宙の遠くから見てみると小さいことだ。

むかしの中国での魏と斉の争いなどはかたつむりの左の角と右の角との争いのようにうつる。

藤嶋's eye

かたつむりが殻から体を出して左右の角を動かしている様を例にしたおもしろい言葉です。国と国との争いでも、宇宙からみれば小さなことだ、というスケールの大きな名言です。

たしかに宇宙全体の広がりや宇宙誕生からの時間を考えれば、気持ちが大きくなりますが、少しむなしい気持ちにもなります。

大道《たいどう》は多岐《たき》なるを以《も》って羊《ひつじ》を亡《うしな》う

大道以多岐亡羊

『列子《れっし》』

人生に大きな目標をもとう

人生の目標をはっきり定め、常に再確認しよう。
人生にも分かれ道が多いので逃げた羊を見つけるのはむずかしいものだ。

藤嶋's eye

人生には進学、就職、結婚など大きな分岐点があります。仕事上でも決断をしなければならないことが多くあります。一度しかない人生なのだから、その進んだ道が最善だったと思えるポジティブな人生にしたいものだと思っています。

呑《どん》舟《しゅう》の魚《うお》は
枝《し》流《りゅう》に游《およ》がず

呑舟之魚不游枝流
『列子《れっし》』

大きな目標をもつ

大きな目標をもとう。舟をひと呑みできるような大きな魚は川の支流にはいないものだ。人生の目標として大きな目標をもつことは特に若い方々には大切だ。

藤嶋's eye

科学の発展には多くの偉大な先人たちの努力がありました。どの偉人たちも大きな目標をもって研究してきました。私の尊敬する科学者の一人であるフランスのルイ・パスツールもすばらしい研究者でした。生物は生物からのみ生まれるということを実験で示しました。一八六〇年パスツールは細菌の入らないように工夫した特別のガラス容器を作り、培養液を入れ、アルプスの山上の空気を入れましたが、いつまでたっても細菌が発生しないことを示しました。

疾風《しっぷう》に勁草《けいそう》を知《し》る

疾風知勁草

『後漢書《ごかんじょ》』

大きな変化の時にこそ、人の真価がわかる。

勁草とは強い風にもたおれない強い草のこと。後漢の光武帝が初めての戦争の時、味方が不利で多くの兵が逃げ出した時、最後まで勇敢に戦った王覇に対して言った言葉。困難や試練にあった時に人の真価が明らかになるものだ。

藤嶋's eye

自分が正しいと思っていることでも、大多数が他の意見でまとまってしまうと、自分の意思を表明することをはばかってしまうことがあります。勇気をもって行動したいものです。

徳《とく》を樹《た》つるには
滋《しげ》きを務《つと》め、
悪《あく》を除《のぞ》くには
本《もと》を務《つと》む

樹徳務滋、
除悪務本
『書経《しょきょう》』

徳を身につけるのは大きな木を育てることに似ている

徳を身につけ、すばらしい人格を形成するためには、少しずつの良い行動の積み重ねが必要である。水をやり、少しずつの肥料を与えてゆくことで立派な大きな木が育つ。一方、悪の方は小さな芽のうちから根こそぎぬいてしまわないと大変なことになる。

藤嶋's eye

東京理科大学の卒業生で、木を植えて林にし、森にされているお二人がおられます。森戸《もりと》祐幸《ゆうこう》さんと森野《もりの》義男《よしお》さんです。森戸さんは光ファイバーで企業化されて得たお金を大学に寄付していただき、森戸記念館などを作っていただきましたし、森野さんはメガネドラッグの社長の傍ら、大学への寄付募集の責任者で自らも多額の寄付をしていただいております。

曲《きょく》なれば即《すなわ》ち全《まった》し
枉《おう》なれば則《すなわ》ち正《ただ》し

曲則全
枉則正
『老子《ろうし》』

自由な形の方が良いこともある

曲がっているからこそ、生命を全うすることができる。屈しているからこそ、伸びることができる。

藤嶋's eye

曲がっていたり、屈している状態ではどの人もいやなものだと思うものです。しかし、まっすぐに伸びきった状態というのは、意外にもろいものですね。自由な形になっている方がいざという時には役立つものです。人生も張り詰めた気持ちではなく、時にゆっくりとしていたいものです。

直線的な生き方より曲線的な生き方を良しとする『老子』の処世哲学。

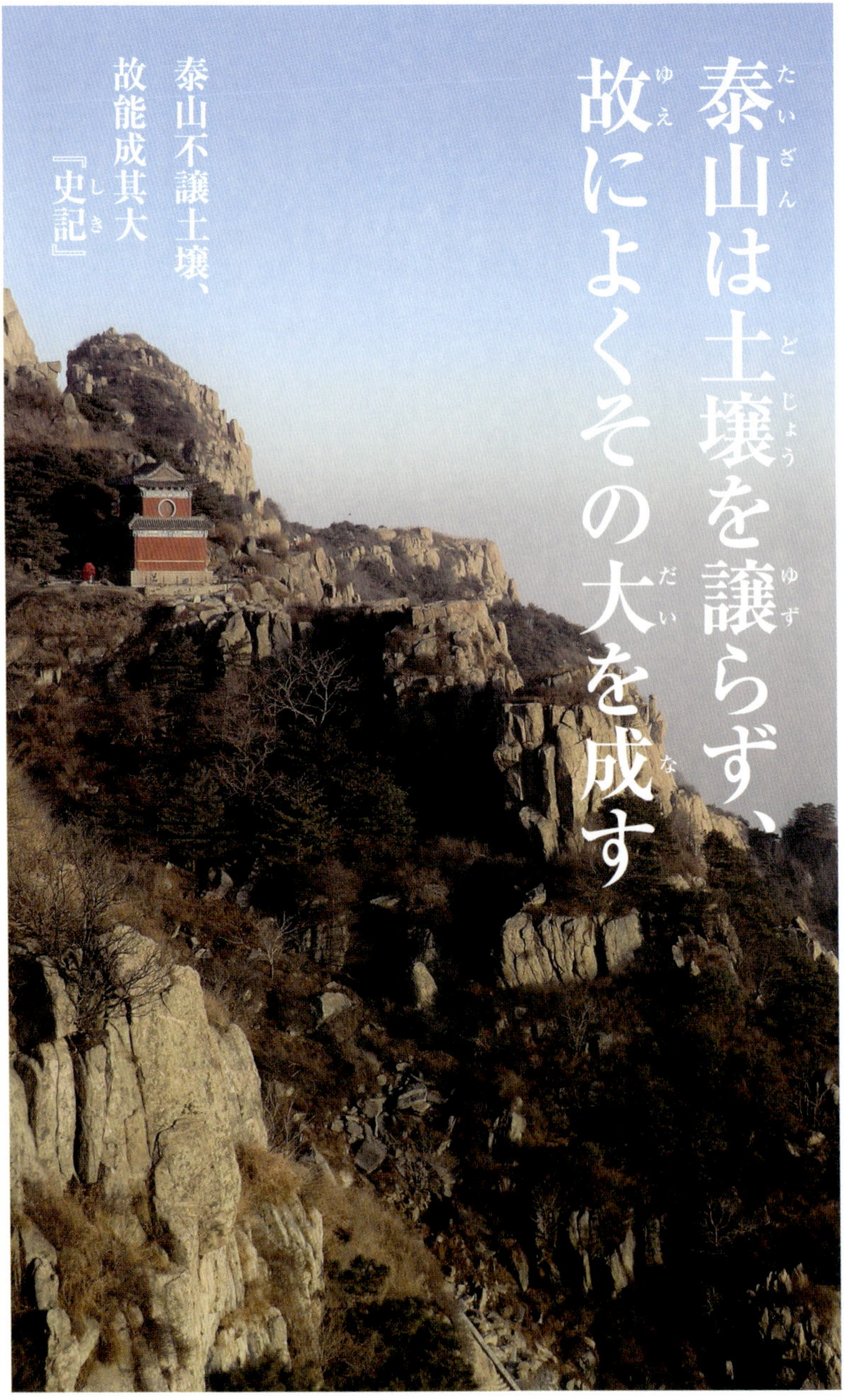
泰山《たいざん》は土壌《どじょう》を譲《ゆず》らず、
故《ゆえ》によくその大《だい》を成《な》す
泰山不譲土壌、
故能成其大
『史記《しき》』

人材を活用

泰山は千五〇〇メートル程であるが、ここから石をとったりしなかったので、奇観に富んだ名山である。いろいろな人材をそれぞれの特性を尊重しつつ配置すれば大きな仕事ができる。

藤嶋's eye

人はそれぞれ得意、不得意があります。それぞれの人の長所をうまく使えるように配置すればそのグループは大きな成果をあげることができます。研究でも言えることです。

秦の始皇帝の臣下・李斯の言葉。彼は秦の敵国・楚の出身で、秦から追放されそうになった。その時に李斯が始皇帝に「泰山は小さな土くれも受け入れ、あれほど大きくなることができた」と訴え、難を逃れた。「泰山」は、山東省にあり、中国を代表する名山。道教の聖地である五つの山の一つ。

ここにあげた本を参考にさせていただきました。特に守屋洋先生の解説には感動しながら勉強させていただきました。

中国古典一日一言　守屋　洋　ＰＨＰ文庫
中国古典の名言録　守屋洋・守屋淳　東洋経済新報社
中国古典百言百話　老子・荘子　守屋　洋　東洋経済新報社
中国古典四字句の知恵　守屋　洋　太陽企画出版
右手に「論語」左手に「韓非子」
現代をバランスよく生き抜くための方法　守屋　洋　角川ＳＳＣ新書
「荘子」の人間学　守屋　洋　日経ＢＰ社
知識ゼロからの中国名言・名詩　河田聡美　幻冬舎
論語　加地伸行　講談社学術文庫
童門冬二の論語の智恵一日一話
孔子に学ぶ最高の処世訓！　童門冬二　ＰＨＰハンドブック
今も新鮮な70のことば
みんなのたあ坊の賢人訓　中国編　辻信太郎　サンリオ
中国名言集四千年の知恵の凝縮　駒田信二　実業之日本社
中国名言紀行中原の大地と人語　堀内正範　文春新書
絵で見てわかるはじめての漢文　④論語　加藤　徹　学研教育出版

親子で楽しむこども論語塾　安岡定子　明治書院
親子で楽しむこども論語塾　その2　安岡定子　明治書院
親子で楽しむこども論語塾　その3　安岡定子　明治書院
心を育てるこども論語塾　安岡定子・田部井文雄　ポプラ社
はじめてであう論語　1家族編　全国漢文教育学会　汐文社
はじめてであう論語　2友だち編　全国漢文教育学会　汐文社
はじめてであう論語　3学問編　全国漢文教育学会　汐文社
中国名文選　興膳　宏　岩波新書
上司から部下へ、親から子へ　語り継ぎたい東洋の名言88　ハイブロー武蔵　総合法令出版
世界で1000年生きている言葉　田中章義　PHP文庫
中国古典名言事典　諸橋轍次　講談社学術文庫
図解雑学諸子百家　浅野裕一　ナツメ社
中国名言集一日一言　井波律子　岩波書店

著者　藤嶋　昭（ふじしま・あきら）

東京理科大学学長。中国工程院外籍院士。１９４２年、東京都生まれ。東京大学大学院博士課程修了。１９７８年、東京大学工学部助教授。１９８６年、同学部教授。２００５年、東京大学特別栄誉教授。同年、日本学術会議会員。２００６年、日本化学会会長。２０１０年、東京理科大学学長。１９６７年に酸化チタンを使った光触媒反応を発見し、化学の世界で「ホンダ・フジシマ効果」として知られる。主な著書に『教えて！藤嶋昭先生　科学のギモン』（朝日学生新聞社）、『時代を変えた科学者の名言』（東京書籍）。

〈主な受賞歴〉
朝日賞、紫綬褒章、日本国際賞、日本学士院賞、恩賜発明賞、文化功労者

理系のための　中国古典名言集

２０１６年4月30日　初版第一刷発行

著者　藤嶋　昭
発行者　植田幸司
発行所　朝日学生新聞社
〒１０４－８４３３
東京都中央区築地５－３－２　朝日新聞社新館９階
電話　０３－３５４５－５２２７（販売部）
０３－３５４５－５４３６（出版部）
www.asagaku.jp（朝日学生新聞社の出版案内など）

編集　佐藤夏理
ＤＴＰ・装丁　松本菜月
写真提供　ピクスタ
印刷所　倉敷印刷株式会社

ISBN 978-4-907150-88-4